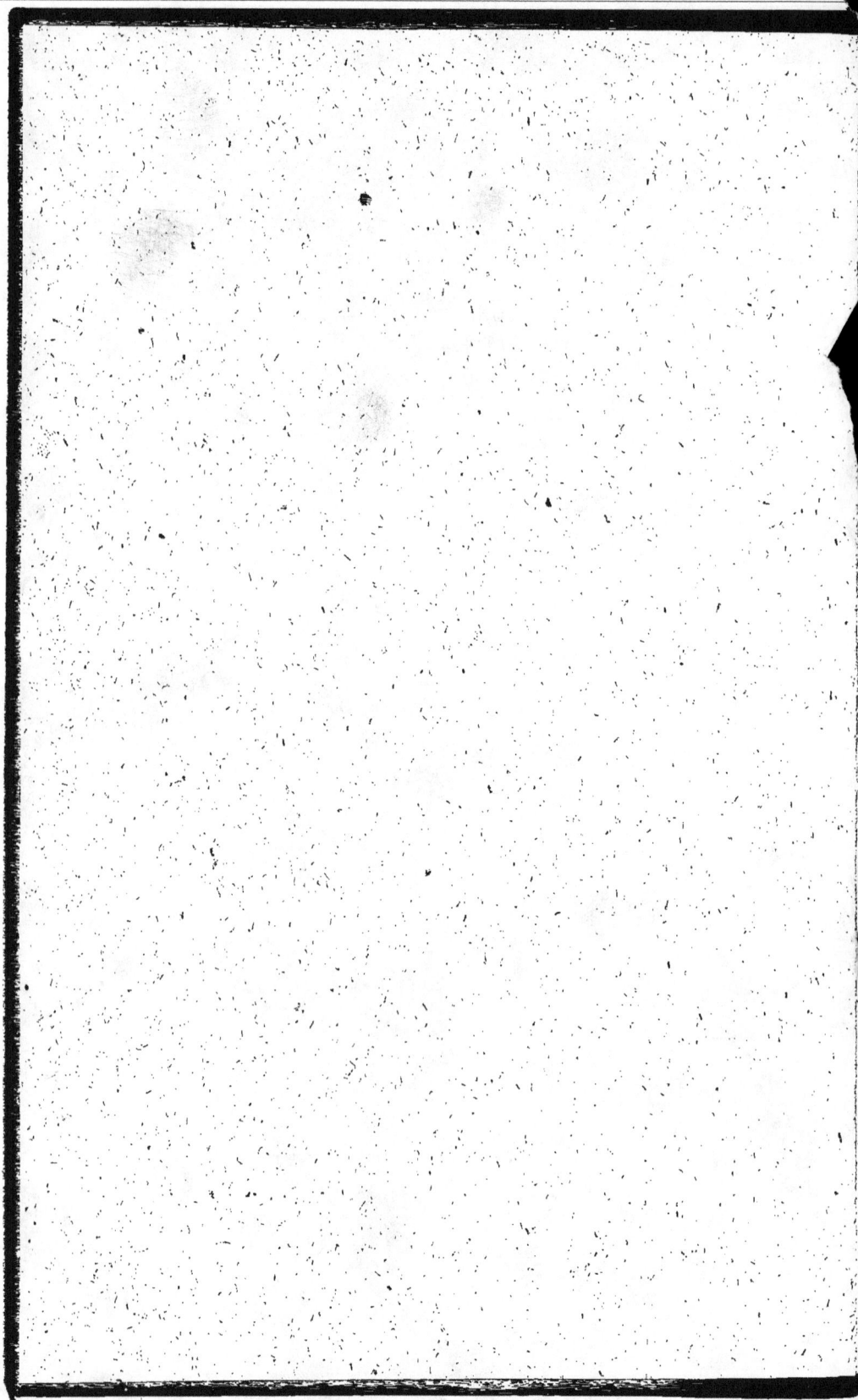

L'ALCOOLISME

ET LES

CONDITIONS DE TRAVAIL CHEZ L'OUVRIER

MESSIEURS,

J'arrive à la tribune dans des conditions bien défavorables.

C'est au milieu d'une véritable ovation que je succède à l'un de mes compatriotes des plus distingués, M. Vandervelde, député à la Chambre Belge, *vir dicendi peritus*, dont vous avez justement applaudi les éloquentes paroles.

Je m'aperçois en outre de plus en plus, depuis le début du Congrès, que son importante assemblée ne compte pour ainsi dire que des abstinents complets, que j'y suis peut-être un peu dépaysé, et voici que j'apprends de la bouche même de M. Vandervelde, que non seulement il pousse son radicalisme jusqu'au *the tothalisme* — qu'il pratique lui-même — mais bien plus, il semble n'avoir confiance dans les succès de la Réforme, que si les apôtres de la croisade nouvelle ne prêchent en même temps d'exemple.

J'admire cette ardeur et ce dévouement et je suis du même avis que l'honorable préopinant, quand il s'agit de *boissons spiritueuses*. Mais je ne puis partager son opinion, quand il s'agit de *boissons fermentées*, le vin et la bière. Il ne faut pas être plus catholique que le pape.

Je crois avec beaucoup de modérés, qu'il est peut-être dangereux de pousser les choses à l'extrême, dans des pays comme les nôtres, où l'usage du vin et l'usage de la bière sont tellement entrés dans nos mœurs par tradition et par hérédité, qu'on est à se demander si le retour aux us et coutumes de nos aïeux, ne serait pas la solution la plus désirable à donner au problème de l'alcoolisme.

Je vous devais, Messieurs, cette déclaration car je ne suis pas un abstinent, et je reprends modestement place dans les rangs de ceux qui marchent en guerre contre *l'usage des spiritueux*, le véritable terrain à déblayer actuellement, avec le concours de tous. D'autres feront le reste.

En général, — à part dans les banlieues et certains villages qui sont les dortoirs des villes — le campagnard boit peu d'alcool. Le vin lui est inconnu, et si ce n'est les dimanches et les fêtes, il consomme peu de bière. Le matin et le soir, il la remplace volontiers par un « genièvre », d'autant plus que le débit de la bière n'étant ni grand ni assuré, il n'a pas toujours confiance en sa fraîcheur et en sa bonne qualité.

Je veux bien concéder qu'on boit du genièvre et de l'eau-de-vie à la campagne, mais outre que le baptême y est en honneur, on ne boit pas de la même façon. Les grandes gouttes — colbacqs, gendarmes, veilleuses, etc., etc. — contenant 4, 5, 6 petits verres ordinaires et plus, n'y apparaissent que comme une exception. Les buveurs honteux et montrés du doigt, se cacheraient pour les avaler — ce qu'on ne fait certainement pas dans les caboulots et les cantines.

L'intoxication quotidienne y a bien moins d'adeptes et les intermittences qu'amène forcément la modicité des salaires, sont un sérieux obstacle à la chronicité du mal alcoolique.

Si on admet que l'occasion fait le larron, on conçoit qu'elle fasse moins de victimes dans le calme et l'éloignement des villages, que dans la circulation enfiévrée, le train des affaires et l'encombrement des cités ouvrières. Toutes ces déductions et le genre de vie rurale moins dépravé, plaident en faveur d'une moralité sinon exemplaire, cependant moins déplorable à tous les points de vue.

Il faut peu pour vivre là. Les exigences sont de ce chef inconnues et le dénûment mieux supporté. Ce serait la misère noire en ville et dans les centres, où le progrès — et surtout l'augmentation des salaires — ont créé des nécessités.

Mais la considération qu'il faut surtout mettre en valeur, c'est le grand air et l'éloignement des atmosphères insalubres et dangereuses des usines et des ateliers.

L'alcool ingurgité aux champs, trouve à l'air libre, une vitalité plus marquée des émonctoires naturels, qui doivent en rejeter une bonne partie de l'organisme. Il semble n'agir qu'à longue échéance et dans le plein jeu des poumons, surgissent des ressources pour sa combustion plus rapide.

Les résistances individuelles plus intenses, plus vibrantes, sont ici encore d'un efficace appoint aux intempérants.

L'effet du genièvre sur les jeunes gens occupés aux travaux de la campagne ne laisse guère de traces pendant longtemps. Il faut un âge plus avancé pour en noter les stigmates et les tares. Assurément la durée de la vie de l'alcoolique est plus longue à la campagne. Nous avons dit que l'alcool y est rapidement carburé et éliminé, à l'inverse de ce qui se passe dans les villes, dans les usines et les ateliers, où son élimination est retardée et apporte ainsi une contribution plus considérable à l'empoisonnement du corps humain.

Quel que soit le manque de confort que l'on rencontre dans les habitations villageoises, elles sont encore de beaucoup préférables aux taudis exigus, malsains et inaérés des logements pour ouvriers dans les villes et les agglomérations de travailleurs.

La nourriture y est bonne, copieuse et saine, et si le campagnard ne mange pas de viande tous les jours — nos aïeux n'en mangeaient qu'aux quatre grandes fêtes de l'année — il ne fournit pas non plus un travail aussi déprimant que les ouvriers industriels. La façon de se nourrir suffit amplement à réparer l'usure des forces.

En somme, l'alcool — si je puis m'exprimer ainsi — a relativement son paradis à la campagne et son enfer dans les cités et les milieux d'activité commerciale et industrielle.

La conclusion à tirer, c'est que les occasions de boire sont plus nombreuses dans ces derniers, évidemment favorisés par l'incroyable extension des relations, le va et vient des groupements ouvriers, la quantité et l'attrait des cantines, la supériorité des salaires et comme le dit notre concitoyen, M. Houdez, la succession ininterrompue des dimanches, des jours de fête et surtout des kermesses et des ducasses dans chaque localité.

*
* *

En ville et dans les centres, l'ouvrier boit non seulement tous les jours une plus ou moins considérable quantité de spiritueux, mais il ne laisse passer aucun saint notable, et le dimanche que l'on commence à fêter le samedi, s'allonge et se perpétue jusqu'au lundi soir et quelquefois jusqu'au mardi matin.

Houdez signale les kermesses et les fêtes populaires en Belgique, comme une des principales causes du développement de l'alcoolisme.

À côté des fêtes communales annuelles reposant sur des traditions locales qu'il faut respecter, il y a actuellement dans les villes et les villages des contrées industrielles, une quantité de petites ducasses qui sont pour les ouvriers autant d'occasions de mordre à la pomme, — à toutes les pommes — car c'est là que les adolescents vont actuellement chercher les premières notions du vice et du dévergondage.

Voici une statistique qui va vous faire rêver, Messieurs :

Il y a à Charleroi (23.000 habitants) onze kermesses chaque année, il y en a 22 à Châtelineau (11.500 h.) ; 11 à Couillet (9.000 h.) ; 28 à Courcelles (14 000 h.) ; 12 à Dampremy (9.500 h.) ; 15 à Farciennes (7.000 h.) ; 8 à Fleurus (5.500 h.) ; 7 à Fontaine l'Evêque (5.500 h.) ; 26 à Gilly (22.500 h.) ; 14 à Gosselies (10.000 h.) ; 15 à Jumet (24.700 h.) ; 10 à Lodelinsart (7.600 h.) ; 17 à Marchienne (16.800 h.) ; 16 à Marcinelle

(12.000 h.) ; 12 à Monceau s/Sambre (7.700 h.) ; 15 à Montigny s/Sambre (17.000 h.) ; 16 à Mont s/Marchienne (7.000 h.) ; 9 à Ransart (7.500 h.) ; 15 à Roux (8.800 h.) et 5 à Rouffioulx (4.000 h.)

Il s'agit ici des kermesses « autorisées ». Il faudrait encore ajouter à cette lamentable liste les petites fêtes, les bals, les concours divers organisés sans autorisation par des tenanciers de bastringues et de guinguettes interlopes. De sorte que tous les dimanches et lundis, parfois les mardis et jeudis, l'ouvrier, le jeune ouvrier surtout, est sollicité d'un côté ou de l'autre. Il va chercher dans ces fêtes des plaisirs factices et y perdre sa santé, son intelligence et de l'argent laborieusement gagné.

Si l'on recherchait la quantité d'alcool — et quel alcool ! — qui est ingurgité dans ces ducasses, on arriverait à des résultats extraordinaires.

Qui nous dira jamais les maux que ces fêtes engendrent ?

C'est là que les gamins vont faire leurs premières beuveries avec les grands, c'est là qu'ils vont boire leurs premières « gouttes » ; c'est là aussi que les fillettes vont chercher les premières leçons de vice et d'immoralité.

Grâce à ces kermesses, à 15 ans, garçons et fillettes sont mûrs. Ils n'ont plus rien à apprendre. Le gamin va au cabaret avec son père et ses frères, puis lorsque la nuit est venue, on peut le voir, tenant par la taille une bambine de son âge, se glisser le long des haies, gagner les champs et les bois voisins....

Non seulement ces kermesses constituent une école d'immoralité, de débauche et de dévergondage, mais elle sont toujours l'occasion de rixes terribles, qui se terminent parfois d'une façon tragique.

Lorsque l'alcool a obscurci les cerveaux, il suffit d'une futilité pour provoquer une bagarre. Ces endroits sont, du reste, le rendez-vous des mauvais sujets de toute la région qui n'y vont que dans le but de chercher noise aux gens paisibles. Au cours de ces rixes, les casse-tête, les poignards, les revolvers sortent tout seuls des poches, et chaque fois, quelques-uns des belligérants restent sur le carreau ; il y a des blessés, des morts parfois. Ajoutons que c'est surtout dans ces heures de liesse, que sévit l'inéluctable entraînement des « tournées. »

« On devra chercher pour la population ouvrière — dit M. Houdez — » des distractions plus morales, des plaisirs plus sains, plus réconfortants » que ces ignobles débauches où elle laisse ce qu'elle a de plus précieux » sa santé, ses forces, son intelligence et de sa vertu. »

Infériorité économique de l'alcoolique

Il semblerait que cette question ne dût pas être soulevée, tellement elle saute aux yeux.

En effet, l'infériorité économique de l'ouvrier engagé dans la voie de l'intoxication n'est pas discutable.

Nous croyons avec Krœpelin qu'à petites doses, l'alcool surexcite les organes moteurs et rend le travail manuel plus facile, comme le travail cérébral. C'est connu et incontestable.

Mais cela n'a qu'un temps, et ce temps est relativement court. On donne, avec l'alcool, des séries d'efforts plus violents et plus prolongés peut-être, des coups de collier, mais la dépense des forces mises en jeu, dépasse de loin les avantages de l'apport, et la fatigue est toujours alors considérablement plus marquée.

Le Dr Destrée a démontré que contrairement au préjugé courant, on ne pouvait attribuer à l'alcool, une action excitante sur le système musculaire, et que la somme de travail fournie sous l'influence de cet agent, était inférieure à celle que donnait l'ouvrier à jeun. A ce dernier point de vue, il doit y avoir concordance entre Destrée et Krœpelin.

D'un autre côté, on connaît le mécanisme de l'ivresse ; on a la clef des symptômes qui caractérisent sa chronicité. Arrivé à cet état, l'homme n'a plus la jouissance intégrale de ses facultés physiques et psychiques, si nécessaires dans le travail usinier.

Les aptitudes au travail, — et cela a été parfaitement démontré et expliqué dans les différentes répartitions des accidents — sont amoindries ; l'émulation, le plaisir de travailler n'existent plus ; la mise en train est pénible, et nous savons qu'on ne peut la retrouver qu'avec le stimulant habituel ; la puissance musculaire décroît chaque jour, l'incertitude dans les mouvements arrive bientôt, la présence d'esprit s'oblitère, la compréhension s'alourdit, le sang froid fait défaut ; l'homme est désorienté et quand l'accident qui guette n'étrangle pas sa proie, l'ouvrier se voit obligé d'abandonner, avant l'âge, le poste qui lui était assigné dans l'usine.

Il est assez étrange que cette situation fatale, n'apparaisse pas plus tôt à l'ouvrier, alors que le simple bon sens et la saine raison devraient lui montrer le piège qui lui est tendu, mais non ; confiant dans l'énergie factice et le réveil passager de ses aptitudes, dus à l'alcool ingéré au moment du travail, il va, de moins en moins conscient du danger, jusqu'à ce qu'il en soit victime, ou qu'il doive se rendre à l'abandon progressif de ses résistances et des qualités indispensables à son métier.

Où va-t-il ? Vous le savez comme moi, et des voix autorisées, vous le montreront plus tard dans la société, où il a son rôle d'épave à jouer pendant un temps plus ou moins long.

Il est bien entendu que ce n'est pas le seul petit verre que l'ouvrier prend le matin, avant de s'atteler, qui le tue. Réflexion faite, à part son action locale sur les voies digestives — qui peut devenir noscive à la longue, — et n'étaient les innombrables exemples d'entraînement qu'ont suscités les premières gouttes prises le matin, nous ne verrions guère grand inconvénient à ce coup du boute-selle, mais le conseil ne peut être donné, car l'abîme est au bout de la pente.

Après la goutte du matin, il y a celle de 8 heures, celle de midi, celle de 4 heures et celle du soir.

Remarquez que si une industrie se fixe à la campagne, comme par exemple la sucrerie, la plupart des ouvriers, cependant pris parmi les villageois, contractent immédiatement cette habitude, et encore une fois, en raison des salaires subitement plus élevés de la journée. Vous savez qu'en Belgique, des patrons sucriers ont décidé de travailler le dimanche, pour empêcher les ouvriers de s'adonner à la boisson.

Si les portes de l'établissement étaient fermées de 8 à 4 heures, le mal serait à moitié conjuré. Certains directeurs ont encore agi dans ce sens.

On commettrait une grosse erreur, si l'on croyait que l'ouvrier boit, d'habitude pour le plaisir de boire, cherchant de cette façon à mettre une gaieté dans le noir ou la monotonie de son existence.

Beaucoup de travailleurs — et notamment les houilleurs — dès le début surtout, boivent du genièvre pour se donner des forces, convaincus qu'ils sont que l'alcool ainsi absorbé, les stimule, les incite à l'ouvrage, et leur procure l'énergie nécessaire pour abattre la besogne.

Et de fait, n'ont-ils pas momentanément raison ?

Chacun sait que le délire alcoolique peut quintupler nos forces, et il ne viendra à l'esprit de personne de contester le coup d'éperon du petit verre avant la mise en train.

Mais ce qu'il faut prôner sur tous les tons, à l'ouvrier, c'est que l'alcool est un trompeur : *alcool is a moker* ! Doué d'un extrême avidité pour l'oxygène, il détermine dans l'économie des combustions qui ont pour effet une augmentation de chaleur et d'énergie musculaires ; mais, ce n'est pas seulement au dépens de l'oxygène de l'inspiration, mais bien de *l'oxygène de nos tissus et de nos cellules*. Et c'est évidemment au dépens de ceux-ci, et au dépens de celles-là, qu'ont lieu ces productions de calories qu'exige le travail manuel.

Voilà pourquoi la fin de la journée est marquée par un abattement plus grand chez ces ouvriers que chez les autres.

Voilà pourquoi l'habitude s'impose chez eux, de boire la goutte le matin pour se remettre en train, — premier échelon vers l'alcoolisme chronique dont les modalités sont si multiples et peuvent échapper à l'attention de l'observateur. Voilà pourquoi la déchéance vitale et physique s'accuse beaucoup plus tôt chez les partisans du petit verre que chez les abstinents.

Nous ne parlons ici que des ouvriers qui boivent la goutte en travaillant, sans signaler la situation plus précaire encore que l'on rencontre chez ceux qui terminent leurs journées par des libations du même genre.

L'alcool est un coup de fouet, inutile pour les bêtes jeunes et vigoureuses, et presque toujours sans efficacité sur les haridelles et les vieilles biques.

* *

D'un autre côté, dès que l'ouvrier a pris l'habitude de boire, il devient plus ou moins suspect. Déjà sous le coup d'une défaveur, s'il se présente assez fréquemment en état d'ébriété, il finira par se faire renvoyer de l'usine ; c'est le travail qui commence à manquer, car le patron, qui mérite ce nom, ne voudra pas d'un ivrogne, qui peut être atteint de psychose passagère, de vertige, d'un moment à l'autre, qui perdra toute adresse, par semi-paralysie des sphères psychiques et motrices, commettra des erreurs, sera cause d'explosion ou d'une quantité d'accidents, entraînant des blessures et la mort même pour lui et ses compagnons. « Les sinistres si fréquents, dans les mines, les carrières, les usines, — dit Delaunois — sont presque toujours imputables à des ouvriers adonnés à l'intempérance. »

Bien des catastrophes de chemin de fer, des collisions en mer, des naufrages, n'ont pas d'autre origine que l'état d'ivresse des mécaniciens et de ceux qui ont la direction des navires. Tout cela est connu et parfaitement prouvé !

« Dans l'industrie du transport, notamment, qu'il s'agisse du chemin de fer ou de la navigation — écrit mon confrère Van Coillie — aujourd'hui surtout que l'homme doit diriger les forces aveugles de la matière brutale, il faut tant au chef qui commande qu'au simple manœuvre qui exécute l'ordre, une très grande présence d'esprit, un calme parfait, un sang froid imperturbable. Dans certaines circonstances, plus nombreuses qu'on ne croit, il faut savoir prendre une décision rapide et sûre, et ce qu'il faut éviter toujours, c'est l'audace irréfléchie et le fol emballement. »

Or, toutes ces qualités dépendent des associations cérébrales supérieures, du jeu régulier des facultés mentales les plus élevées, du travail normal de cette partie de la substance grise où elles se manifestent, et où l'ivresse aiguë ou chronique amène des troubles perturbateurs qui en altèrent le fonctionnement physique.

Et remarquez que ces troubles rendant la perception cérébrale moins nette, dérangeant la subordination et la coordination parfaite des idées, obnubilant la vue exacte de la causalité, ne sont pas seulement *immédiats* à l'ingestion des spiritueux, mais qu'ils comportent encore « des conséquences nuisibles, *durables et constatables pendant plusieurs jours.* »

**

D'après Krœpelin, Schmiedeberg et Smith, l'alcool pris à dose modérée et journalière, laisse chaque fois une empreinte sur le cerveau qui engendre à la longue, les symptômes d'un empoisonnement chronique, qui met les centres intellectuels dans une condition manifeste d'infériorité, amoindrissant la production cérébrale de toutes les couches de l'encéphale, en particulier de la mémoire, déséquilibrant le système nerveux en même temps qu'il détermine des troubles patents dans le système moteur.

* *

Et plus que jamais, les patrons aujourd'hui, se verront forcés de faire une sélection dans le choix de leurs ouvriers.

Déjà, actuellement, un industriel sérieux ne tolèrera plus dans ses usines, un mécanicien qu'il ne peut pas considérer comme absolument tempérant, et sur le compte duquel, il a des renseignements douteux, concernant ses habitudes.

Au Canada, aux Etats-Unis, on impose à ces hommes qui tiennent en main, tant de vies humaines, on impose la proscription de l'usage de l'alcool, et cette exigence — que je ne saurais assez louer, — a donné des résultats inespérés. En revanche, ils sont grassement rétribués.

Quant aux ouvriers intempérants, le jour est proche, où ils se verront délaissés par les chefs d'ateliers ou d'industrie, parce qu'ils sont une source permanente de dangers pour eux, et pour leurs compagnons ; que les blessures et les mortalités par suite de sinistres entraînent des responsabilités pour les maîtres, que ces responsabilités sont surtout sonnantes, puisque les tribunaux se montrent coulants pour leur laisser incomber — même en cas de faute lourde chez le travailleur — les dommages et intérêts réclamés par les sinistrés. Relativement aux accidents, les conséquences de l'alcoolisme ne sont pas comparables à la campagne et dans les centres ; les causes sont moindres, puisque l'industrie fait défaut, et les sinistres beaucoup plus épars, n'ont pas non plus la même importance.

On a remarqué aussi que les lundis et les mardis sont les jours qui fournissent le plus d'accidents, les veilles ayant été copieusement fêtées.

Nous ne nous amuserons pas à le prouver au moyen de statistiques. L'état mental de l'usine ou de l'atelier ne peut pas être le même, ces jours là que les autres. Il suffit pour s'en convaincre de faire une petite constatation personnelle. Or la diminution du potentiel cérébral sous le coup de l'alcool stupéfiant et paralysant, l'amoindrissement des associations intérieures dont nous avons parlé, avec toutes ses conséquences, ont une influence réelle sur la production des accidents de travail, par suite de fatigue physique et intellectuelle. Ce sont les deux générateurs les plus importants, et ils sont dus à l'abus des alcools.

Cette constatation faite pour le *lundi* — qui n'est souvent qu'une demi-journée — est intéressante, car le lundi a été précédé d'un jour de repos, et devrait donner lieu à moins d'accidents, — comme Cetty l'a constaté pour les ouvriers qui ont coutume de sanctifier le dimanche d'une toute autre façon que la plupart des travailleurs de nos grands bassins industriels.

En général, le chômage est complet le lundi chez nous, et voyez combien la statistique des inspecteurs est suggestive, puisque là où on travaille le lundi, on ne donne que six heures d'ouvrage, et qu'on arrête pendant les heures qui sont précisément les plus dangereuses.

La moitié des accidents — a dit le ministre des chemins de fer belge — *arrive par abus de boissons.*

* * *

Soit dans les charbonnages, soit dans les verreries, dans les laminoirs, les forges et les établissements métallurgiques, soit dans tout autre atelier où le renouvellement de l'air fait défaut, (lorsqu'il n'est pas surchauffé et chargé de principes toxiques de différentes sources), combien pénible devient le travail du lundi pour l'ouvrier qui s'est enivré le dimanche.

Sans parler de la céphalalgie, — *du mal aux cheveux,* — que d'efforts plus considérables doit déployer le travailleur pour abattre sa besogne, harcelé par les lassitudes inséparables des veilles dépensées en orgie de genièvre, sans les réparations ordinaires du sommeil ?

Dans la plupart des usines et ateliers, où l'atmosphère humide et chaude est encombrée de méphitismes divers, ou bien empoisonnée par l'oxyde de carbone, l'élimination de l'alcool, — qui se continue plusieurs jours même, après de copieuses libations, si l'on en juge par l'expression symptomatique de leurs nocuités pendant 24 heures et plus — cette élimination de l'alcool est enrayée, retardée et coïncide avec une aggravation marquée des fatigues physiques, et la chute des résistances individuelles. De là dans les ardeurs du feu, et l'afflux incessant des fumées irrespirables, une action plus intime, plus profonde du poison sur la trame des tissus qui subissent alors plus sensiblement son influence, ainsi que sur les divers organes dont le désordre amènera plus rapidement le développement de l'alcoolisme chronique.

Personne ne songe à comparer le travail usinier avec le labeur campagnard, ni à ne pas reconnaître son action plus débilitante, et plus meurtrière, mais on conviendra avec tous ceux qui ont étudié de près, les travaux manuels des grandes usines que l'abrègement de la vie dans ces milieux reconnaît aussi, comme cause majeure, l'abus des spiritueux avant, pendant et après le travail.

Dans l'industrie lainière et la construction mécanique du pays de

Liège, il y a défense absolue, dit mon collègue Thisquen, d'introduire des boissons alcooliques dans l'intérieur des ateliers. L'industrie où l'on boit le plus sur les chantiers, c'est celle du bâtiment. Dans l'importante industrie du plomb et du zinc en Belgique, les ordres les plus sévères sont donnés pour réprimer l'usage des spiritueux[1].

Les maladies sont aussi beaucoup plus fréquentes, leur guérison demande plus de temps dans les cités et les centres, et si l'alcoolisme y joint le contingent des affections qu'il engendre, elles auront un retentissement des plus fâcheux sur la valeur économique des individus.

L'étude expérimentale de l'alcoolisme et son influence sur l'immunité, apporte tous les jours de nouveaux arguments aux adversaires des excès alcooliques (Dr Deléarde, *Annales de l'Institut Pasteur*, nov. 97).

Il est acquis à la science, que l'alcool, comme nous l'avons démontré ailleurs, produit par lui-même des troubles organiques ; et tous ceux qui se sont occupés de la question, admettent qu'il crée d'une part une vulnérabilité extrême à l'égard des maladies infectieuses ou toxiques (ex. la pneumonie).

En 1896, Abbatt, de Philadelphie — dit le Dr Deléarde — a montré expérimentalement que les microbes pathogènes, tels que la streptocoque, le staphylocoque et le bactérium coli, incapables de donner la mort à des animaux sains, pouvaient tuer des animaux intoxiqués par l'alcool, ce qui est le résultat d'une altération des principaux moyens de défense contre les germes infectieux.

D'après ses expériences sur les animaux intoxiqués par l'alcool, les éléments — probablement les leucocytes qui entrent en jeu dans la production de l'immunité, — sont influencés surtout quand on fait agir simultanément l'alcool et la toxine ou le microbe.

La clinique confirme cette conclusion.

Comme on le voit, tout concourt à diminuer la valeur économique de l'alcoolique.

La réduction des heures de travail, est surtout désirable pour les métiers fatigants, entraînant de considérables dépenses de forces physiques, mais c'est principalement à l'ouvrier de la campagne qu'elle sera profitable, parce qu'il est possesseur d'un petit lopin de terre et qu'il passera le surplus de son temps à la culture de son jardinet, à l'élevage de son cochon, de ses lapins ou de ses pigeons.

Quand, avec le progrès, l'ouvrier sera plus instruit, il occupera ses loisirs avec la culture, ou aura trouvé dans les écoles professionnelles pratiques du soir, l'avantage d'un petit métier, pouvant rapporter quelque argent, pendant ses heures libres.

---

[1] De l'aveu des ouvriers et des patrons, les travailleurs qui ne sont pas rangés, qui font souvent « ribotte » sont plus sujets à l'intoxication saturnine et l'on voit souvent ses manifestations, éclater ou réapparaître, après un écart de régime.

Bien comprise, la réduction du temps de travail, ne devrait pas être employée aux distractions du cabaret. La journée de 8 heures qui était jadis un épouvantail, tend à se généraliser ; et l'orientation nouvelle que l'on cherche à inculquer à l'ouvrier, l'amènera à en tirer profit pour son amusement, pour ses économies et pour sa santé.

S'il en était autrement, il faudrait presque désespérer de l'arrêter sur le chemin glissant et dangereux qu'il suit actuellement, et croire que le vent d'alcool qui souffle aujourd'hui, soufflera malgré tout, malgré les gouvernants et les ligues, jusqu'au moment où il s'abattra de lui-même sans d'autre explication que celle des causes qui président, en somme, à la disparition des usages, des coutumes et des modes. Ce serait désolant. Il ne nous resterait plus qu'à considérer la généralisation de l'alcoolisme que comme une étape de ce progrès qui nous envoie les guerres, pour mieux nous faire goûter, sans doute, les bienfaits de la paix.

L'histoire nous apprend que partout où surgit une tentation, l'homme ou la femme y succombe, et il en est, de ces tentations, qui semblent persister éternellement.

* *

Dans un rapport que j'ai fait en collaboration avec mon savant ami, M. Hipp. Barella, ancien président de l'académie royale de médecine de Belgique, j'ai abordé l'étude des logements ouvriers en général, mais surtout des logements pour ouvriers célibataires, et cela au point de vue des bassins houilliers et industriels, où les maisons de ce genre abondent plus spécialement [1].

J'avais donné précédemment une idée sommaire de ce qui se passe habituellement dans presque tous les logements ouvriers, concernant la nourriture et le couchage, et je faisais connaître notamment les conditions épouvantables dans lesquelles sont hébergés les ouvriers commis aux grands travaux publics dans les campagnes où le célibataire a sa place et son rôle, ainsi que dans les villes et les centres industriels.

Les détails concernant l'insalubrité absolue de ces baraquements construits à la hâte et le plus économiquement possible, par les entrepreneurs, lorsqu'il s'agit de travaux d'art et d'industrie, ont été livrés à la législature. Nous nous permettons de rappeler ici notre brochure concernant l'état sanitaire des *ouvriers briquetiers*, logés dans des cambuses élevées en dépit de toutes les règles de l'hygiène, couchés pêle-mêle, père et mère, frères et sœurs, garçons et filles, en dépit des moindres exigences de la morale.

---

[1] Dr Deffernez : *Les maisons de logement pour ouvriers célibataires.*

Nul n'ignore les abus et les ravages de l'alcool, parmi les ouvriers employés à la fabrication des briques, *dans certaines contrées*, ouvriers par le fait prédisposés aux affections gastro-intestinales et dont les enfants naturellement chétifs, mal nourris et mal logés finissent par devenir des candidats au lymphatisme et à la phtisie.

Il y a à considérer encore — comme le fait très judicieusement remarquer M. Obozinski, conseiller communal à St-Gilles — que ces mêmes situations se présentent aux portes des grandes villes, spécialement dans l'agglomération faubourienne Bruxelloise, où l'on ouvre des maisons de logement, pour héberger les ouvriers de village, amenés au premier train du lundi matin pour y séjourner jusqu'au samedi soir. Nous les retrouvons aussi dans les bassins industriels.

Ce sont pour la plupart — pas toujours — des célibataires recrutés à la campagne, qui passent donc, — dit le rapporteur — cinq nuits par semaine chez le logeur,

Dans une maison d'aspect bourgeois nous avons trouvé au 2ᵉ étage six lits dans une chambre de 3 m. 50 sur 6.00 ; 4 lits dans une chambre plus petite, et au troisième étage, dans le grenier, six lits. Or, le grenier n'a pour tout système d'aération qu'une fenêtre-tabatière, qui doit nécessairement rester close la nuit, car elle se trouve à 50 centimètres au-dessus d'un des lits.

N'oublions pas que chacun des lits est occupé par deux individus.

Mes compagnons de visite et moi, nous voulûmes pénétrer jusqu'au fond de ce grenier, mais nous n'avons pu le faire, tant les odeurs qui emplissaient l'air étaient fortes et fétides.

Les maisons de logement pour ouvriers célibataires se rencontrent comparativement beaucoup moins dans les villes que dans les centres industriels et notamment les bassins houillers.

⁎

La clientèle de ces établissements aux environs des villes, dans les faubourgs, se compose souvent de maçons, de terrassiers. On y rencontre également des ouvriers d'autres professions, mais en moins grand nombre [1].

Dans les bassins houillers, les maisons de logement pour ouvriers célibataires, existent jusque dans les moindres communes, avoisinant un charbonnage ou l'une ou l'autre industrie du fer ou du verre.

C'est incontestablement leur terrain de prédilection; si l'on en juge par le tableau suivant, qui ne signale exactement la situation qu'au pays de Charleroi, mais qui, peut s'appliquer aux autres bassins charbonniers.

[1] Dʳ Deffernez : *Le chat-gris*, étude de mœurs tournaisiennes.

COMMUNES	LOGEMENTS	LOGEURS
Dampremy	478	1912
Bouffioulx	15	104
Monceau s/Sambre.	108	500
Gosselies.	35	85
Châtelineau	120	900
Farciennes.	70	160
Roux.	70	150
Luttre	12	18
Ransart.	10	30
Courcelles.	50	250
Jumet	50	145
Marchienne.	266	805
Marcinelle.	80	180
Montigny s/S	390	960
Gilly	300	900
Charleroi	93	342
Lodelinsart	66	270
Châtelet.	250	600
Couillet.	280	972

En général, dans les maisons de logement — car il y a de louables exceptions — les lits sont mal faits. Je ne crois pas les ressorts d'un matelas nécessaires à la santé d'un homme valide, mais l'ouvrier qui n'a pas besoin de mortification, doit trouver autre chose qu'une planche et une vulgaire paillasse pour se reposer. Entre le luxe et la pénurie, il y a un milieu qu'on nomme le confortable et qui fait défaut dans les maisons de logement.

Tous les renseignements que nous avons reçus — et ils sont très nombreux — s'accordent pour constater que partout le lit sert à deux et même trois logeurs à la fois. Dans ce cas, ils sont commandés et construits expressément pour servir à ce double et même triple usage.

Presque toujours, le lit, dans nos bassins industriels — spécialement dans celui de Charleroi — est occupé sans interruption le jour et la nuit ; l'ouvrier de jour remplace l'ouvrier de nuit et vice-versa, sans que pour cela les draps soient changés ! Quand on songe que ces travailleurs sont des houilleurs patinés du poussier gras de la mine, ou des ouvriers d'usine, enfumés dans les halles, les forges et les stracous, on s'est vite fait une idée de l'aspect du lit à la fin de la semaine. Les draps, qui ne sont jamais refroidis, ne sont renouvelés que les dimanches, et encore il faut savoir reconnaître que ces malheureux ne peuvent guère s'entretenir dans un état de propreté corporelle satisfaisant. On conçoit quel bien-être serait apporté dans la vie des travailleurs s'ils avaient chacun leur lit, et deux fois par semaine des draps nets.

Quant à l'encombrement des chambres, c'est ce qu'il y a le plus à déplorer. En effet, l'air pur et sain est la première nourriture de l'homme, tellement nécessaire aux phénomènes vitaux que son manque ou sa viciation sont évidemment la cause majeure de cet étiolement qui caractérise nos ouvriers des villes et des centres, et les différencie des travailleurs rubiconds de la campagne.

De ce côté surtout, devrait être portée l'attention du législateur et des administrations communales.

On se demande dans quel état doivent se lever ces hommes qui se sont lentement empoisonnés toute une nuit, dans l'atmosphère altérée et débilitante des chambres à plusieurs logeurs.

Il est indéniable que s'ils n'avaient la plupart du temps pour eux les énergies de la jeunesse, ils dépériraient rapidement dans ces taudis obscurs et bas, non ventilés, où l'accoutumance seule soutient leurs résistances. Remarquons aussi que la majorité de ces étrangers — des campagnards — sont des gars solides, non seulement taillés pour le travail, mais encore pour toutes sortes d'endurances et de privations.

*
* *

Mais le mal n'est pas seulement là. La véritable plaie, c'est que toutes ces maisons de logement pour ouvriers célibataires, sont des débits de boissons, des cafés borgnes, vulgairement appelés « *violes* » où l'on se gorge d'alcool jusqu'à l'ivresse, dans des orgies dont nous avons donné la description, et où l'ouvrier une fois engagé, ne peut plus se soustraire à l'ascendant de la baesine, qui tient son calepin de quinzaine, et — chose inouïe — va elle-même, toucher à l'usine, l'argent gagné par son pensionnaire.

Non seulement le pauvre travailleur y laisse la totalité de son salaire, mais il est incité à contracter des dettes, premiers anneaux d'une chaine dont il ne se débarrassera plus.

Le calepin de quinzaine est une garantie indispensable. On n'opère pas sans lui, on ne prend pas le cheval sans la selle, et dans beaucoup de cas, l'amour n'est en réalité que la précaution prise par l'araignée quand elle ligature la mouche déjà capturée.

*
* *

Dans le même rapport, notre savant confrère, M. Barella, membre de l'Académie de Médecine, dont la valeur scientifique vous est bien connue, s'est occupé à plusieurs reprises du préjudice causé à la classe ouvrière par les expropriations en zônes. L'hausmanisation a du bon, mais elle a l'inconvénient de priver de leur habitation des centaines et des centaines d'ouvriers et par suite de produire la rareté et le renchérissement des logements ouvriers. On a vite dit : Démolissez les vieux quartiers insalubres, assainissez, donnez de l'air, etc., etc., etc., *le mal c'est que l'on ne rebâtit pas pour l'ouvrier.*

* *

Il faut plus que jamais étendre et développer l'œuvre des *Comités de patronage* pour les habitations ouvrières, ainsi que les *hôtelleries ouvrières*, sous n'importe quelle direction.

Il y a lieu aussi de s'occuper de la *décentralisation industrielle.* J'ai été appelé à faire une étude comparative entre 3 usines de même fabrication, différemment placées, l'une dans une ville relativement grande, l'autre dans une petite ville et la 3e à la campagne. Cette étude n'est pas sans intérêt. Dans la grande ville, — dont la population ouvrière est déchue, abâtardie, rongée de tares héréditaires, payant un large tribut à la tuberculose, à la scrofulose et aux affections ophtalmiques — le recrutement du personnel se fait dans des conditions déplorables, quasi dans les même familles, mal nourries et surtout mal logées. Avec le genre de travail nécessitant une température de 27 à 29 degrés, ainsi qu'un état hygrométrique de 95 0/0, il est aisé de concevoir quelle population débilitée, étiolée, privée de ressort, se meut dans cette fabrique et par quels ravages l'abus des spiritueux doit ou devrait s'y signaler.

La comparaison est déjà beaucoup plus avantageuse dans la petite ville où l'air circule plus pur, où l'encombrement est moindre dans les ruelles populeuses assainies, où le recrutement du personnel se fait déjà en partie dans les faubourgs et même à la campagne environnante ; aussi l'anémie et la chlorose s'y montrent déjà plus rarement ; la tuberculose y trouve un terrain moins propice à son développement, et la mortinatalité, ainsi que la mortalité infantile y ont diminué de beaucoup ; le nombre d'ouvriers manifestement alcooliques est moins considérable.

La 3e usine, située en pleine campagne, loin des villes, l'emporte absolument sur les précédentes, sous tous les rapports. Les ouvriers et les ouvrières surtout sont choisis parmi les gars solides, et les fortes filles bien charpentées et saines de la région. C'est par extraordinaire qu'on y rencontre une fille-mère.

Et comme l'aspect des ateliers frappe l'observateur, trouvant d'un côté la rangée des visages blêmes et défaits, s'agitant tristement sur de petits corps décharnés et fluets ; de l'autre la roseur et la fermeté des chairs qui sont l'apanage des belles campagnardes.

Les femmes travaillent jusqu'à 20 et 25 ans, puis elles se marient et ne reparaissent plus à l'usine, à l'inverse de ce qui se passe ailleurs,

où l'on retrouve la mère, travaillant encore, dans le même atelier que ses filles. Quant à l'abus des boissons alcooliques, il est presque nul. N'est-ce pas là, pour ainsi dire, un idéal.

*
* *

Depuis la facilité et la réduction des transports en Belgique, tous les papillons campagnards sont venus, sinon se brûler, tout au moins se chauffer, au soleil de l'industrie.

Vis-à-vis de la question qui nous préoccupe, cette concentration a été funeste.

Mais elle était fatale. L'étreinte des villes tentaculaires — dont parle Vandervelde dans le *Mouvement socialiste* — malgré les souffrances, les misères, les maux de toutes natures qu'elle engendre, était indispensable, pour préparer l'exode qui commence, non pas le retour vers les campagnes du « bon vieux temps » mais vers la campagne nouvelle, fécondée par cette étreinte des villes absorbantes qui généralisera les progrès — vers la campagne relevée, vivifiée même par le machinisme, et où se fera la jonction des travailleurs industriels et des agrariens, jusqu'à ce que le formidable cycle des évolutions, y entasse à nouveau les populations de l'avenir, inquiètes déjà de savoir la terre, où plutôt les ruines, où elles reviendront planter leurs tentes.

Cette concentration actuelle urbaine et industrielle n'est pas une des moindres causes du progrès effrayant de l'alcoolisme, pour ceux qui connaissent les côtés défectueux et dangereux des milieux usiniers et des logements ouvriers en général.

L'usine par elle-même est déjà dangereuse à la campagne, comme nous l'avons vu par l'immixtion d'éléments qui viennent des villes et des centres et y importent des habitudes. auxquelles on se plie d'ailleurs très aisément.

Elle devient redoutable dans les bassins industriels. L'idéal est cependant de la voir placée à la campagne, et grâce aux facilités de transport, la voilà qui commence à s'implanter loin des agglomérations.

C'est le rêve de Tolstoï qui se dessine ! C'est le progrès qui marche bon gré, malgré tout, amenant pour notre édification, un de ces retours si fréquents dans l'ordre social.

Un jour viendra, avec les merveilleuses applications de l'électricité, où le mouvement industriel — déjà mis en branle actuellement — désertera nos villes surchargées et nos noirs bassins fumeux, et se campera sur le littoral, dans l'air vierge et complètement aseptique de la haute mer, ainsi que sur le parcours et à l'embouchure de nos rivières et de nos fleuves.

Ce jour-là, — les mutualistes, l'initiative privée, l'action gouverne-mentale et patronale aidant — les hygiénistes et les antialcooliques applaudiront des deux mains.

Il faut favoriser le mouvement de décentralisation industrielle, et la mettre à l'écart de cette autre étreinte tentaculaire : l'alcoolisme.

Dr DEFFERNEZ.